Ellos trabajaron
juntos

Por Anna Prokos

CELEBRATION PRESS

Pearson Learning Group

Contenido

Introducción

    ¿Has trabajado alguna vez con un compañero? Los compañeros son personas que trabajan juntos para hacer algo. Trabajar con otras personas facilita y hace más divertido un trabajo.

    Muchos grandes sucesos en la historia necesitaron el trabajo en equipo. Este libro cuenta acerca de tres equipos de compañeros. Cada equipo trabajó en cooperación para lograr su objetivo.

Edmund Hillary y Tenzing Norgay

Edmund Hillary nació en Auckland, Nueva Zelanda, en 1919. Cuando tenía dieciséis años, hizo un viaje a las montañas con sus compañeros de clase. Entonces comenzó a interesarse en el alpinismo. A medida que creció, Edmund escaló muchas montañas en Nueva Zelanda y en el mundo entero.

Edmund Hillary nació en 1919

Tenzing Norgay nació en Nepal, en 1914. Norgay era un alpinista experto de la comunidad sherpa. Los sherpas son personas que viven al pie de la cordillera del Himalaya. Norgay escalaba todas las montañas que rodeaban su casa, y a menudo ayudaba como guía en algunos viajes.

**Tenzing Norgay
1914–1986**

China
Nepal
India
N

El monte Everest está en la cordillera del Himalaya.

Edmund y Norgay tenían la misma meta. Ambos querían llegar a la cima del monte Everest, la montaña más alta del mundo. Por separado ambos habían escalado la montaña antes, pero nunca habían llegado a la cima. En 1953 Edmund y Norgay conquistaron la montaña juntos.

Escalar el monte Everest era extremadamente peligroso. El trabajo en equipo ayudó a ambos hombres a permanecer a salvo durante su viaje. Una vez, Edmund saltó sobre una abertura en el hielo y cayó pesadamente. Un bloque enorme de hielo se separó. El hielo rodó montaña abajo, y Edmund cayó por el borde.

Norgay sujetó con toda su fuerza la cuerda que estaba amarrada a la cintura de Edmund. Si no hubiera hecho eso, Edmund se habría perdido para siempre.

Edmund y Norgay escalaron el monte Everest durante siete semanas. El 29 de mayo de 1953, llegaron a la cima. Fueron las primeras personas en llegar al pico de la montaña.

Después de la exitosa escalada, la gente a menudo les preguntaba cuál de ellos había llegado a la cima primero.

"Escalamos en equipo", contestaban siempre.

Edmund y Norgay cerca de la cima del monte Everest.

Durante años después de su escalada, Edmund y Norgay siguieron trabajando en equipo. Pasaron tiempo ayudando a los sherpas a construir escuelas y hospitales en Nepal. Tanto Edmund como Norgay querían, como agradecimiento, colaborar con la gente que les había ayudado a lograr su meta.

◀ Niños le dan la bienvenida a Edmund en la escuela de Sotang, en Nepal.

Norgay y Edmund recibieron medallas después de su escalada. ▶

Helen Keller
y Anne Sullivan

Helen Keller nació en Tuscumbia, Alabama, en Estados Unidos en 1880. Cuando tenía apenas diecinueve meses, sufrió una enfermedad grave. La enfermedad causó que se quedara ciega y sorda. A Helen le era difícil comunicarse con otros porque no podía ver ni oír. Ella se frustraba y a menudo se comportaba mal. Los padres de Helen querían hacer todo lo posible por ayudarle.

Helen Keller
1880–1968

Estados Unidos

Alabama

N

Cuando Helen tenía seis años, su madre oyó hablar de Anne Sullivan. Anne asistía al Instituto Perkins para Ciegos. El director de la escuela le pidió a Anne que fuera la maestra de Helen Keller.

Anne nunca había sido maestra antes. Sin embargo, quería trabajar con Helen. Así que se hizo maestra de Helen el año después de graduarse. Anne sabía lo que era ser ciega. Ella había perdido gran parte de la vista cuando era niña.

El Instituto Perkins para Ciegos,
Massachusetts ▼

Anne Sullivan
1866–1936

Anne le enseñó a Helen a usar las manos para comunicarse. Helen aprendió a comunicarse por medio de señas. Como Helen no podía ver, Anne tenía que trazar con su dedo las señas de las letras en la palma de la mano de Helen. Muy pronto Helen también comenzó a comunicarse por medio de señas.

Con la ayuda de Anne, Helen también aprendió a leer y escribir. Al principio Helen usaba letras en relieve, y más tarde aprendió Braille. Helen hasta aprendió a hablar. Con el tiempo Anne fue a la escuela con Helen. Anne escuchaba a los maestros. Entonces deletreaba lo que decían en la mano de Helen.

Helen terminó sus estudios universitarios a los veinticuatro años.

Braille

La gente que no ve puede aprender a leer en Braille. En Braille, los puntos en relieve representan letras. La gente usa la yema de los dedos para leer en Braille.

En la universidad, Helen comenzó a escribir un libro titulado *La historia de mi vida*. Helen escribió muchos libros a través de los años.

Helen y Anne también ayudaron a otras personas. Anne les mostró a otros cómo enseñar a las personas ciegas y sordas. Helen les hizo saber a las personas ciegas que ellas también podían lograr sus metas. En equipo ayudaron a recaudar fondos para los ciegos.

Anne Sullivan y Helen Keller se convirtieron en modelos a seguir para la gente ciega y sorda. La gente las admiraba. Sus vidas y su trabajo conmovieron a muchas personas.

Los niños rodearon a Helen durtante su visita a Melbourne, Australia, en 1948.

Meriwether Lewis, William Clark y Sacagawea

En 1803, la gente de Estados Unidos casi no había explorado la parte oeste de América del Norte. En ese tiempo Estados Unidos se extendía sólo hasta las Montañas Rocosas. Se sabía que el océano Pacífico estaba en algún lugar hacia el oeste, pero no había ninguna ruta para llegar allí.

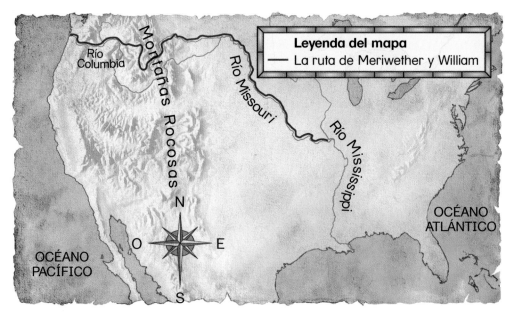

Meriwether Lewis y William Clark viajaron al oeste en dirección al océano Pacífico.

Meriwether Lewis
1774–1809

William Clark
1770–1838

El presidente Thomas Jefferson le pidió a un antiguo capitán del ejército, Meriwether Lewis, que dirigiera un viaje de exploración del Oeste. Meriwether sabía mucho acerca de las plantas y animales. Meriwether le pidió a William Clark que fuera su compañero. William era un excelente cartógrafo, pero el trabajo que harían era difícil. Ninguno de los dos hombres conocía el territorio ni a los indígenas norteamericanos que vivían allí.

Meriwether y William necesitaban ayuda para el viaje. Tuvieron la suerte de encontrar a una joven indígena norteamericana y a su familia, incluyendo a su hijo bebé. Su nombre era Sacagawea. Ella conocía el territorio y podía comunicarse con los indígenas norteamericanos durante el viaje.

Como esta mujer, Sacagawea probablemente llevaba su hijo a la espalda.

Sacagawea cerca de 1786–1812

Sacagawea, probablemente tenía unos dieciséis años. Guió al equipo por las montañas y encontró plantas que comer cuando se acabó la comida. Habló con indígenas norteamericanos que encontraron a lo largo del camino. Sacagawea también ayudó a conseguir caballos y alimentos cuando el equipo los necesitó.

Sacagawea era inteligente y valiente. Una vez su bote casi se volcó. Ella rápidamente rescató los documentos importantes y suministros que se habrían perdido.

Sacagawea sacó de problemas a Meriwether y William muchas veces. Para agradecerle a Sacagawea por su ayuda, William y Meriwether nombraron un río Río Sacagawea.

Meriwether, William y Sacagawea trabajaron juntos para ayudar a su grupo a atravesar miles de millas. Meriwether y William tomaron notas e hicieron dibujos y mapas. Cruzaron ríos y montañas. Fue un viaje largo y difícil.

Una vez un oso persiguió a Meriwether.

Después de haber terminado su largo viaje en 1806, los compañeros nunca se olvidaron el uno del otro. Cuando murió Sacagawea, William se hizo cargo de su hijo, Jean Baptiste. Meriwether, William y Sacagawea jugaron un papel importante en la historia de Estados Unidos y en la vida de cada uno.

Este monumento a Meriwether, William y Sacagawea está en Montana.

Conclusión

Trabajar en equipo no es siempre fácil. Edmund Hillary y Tenzing Norgay tuvieron que esforzarse para seguir adelante. Helen Keller y Anne Sullivan tuvieron que tenerse paciencia. Meriwether Lewis, William Clark y Sacagawea afrontaron los desafíos de explorar lo desconocido.

¿Qué tenían estos compañeros en común? ¡Nunca se dieron por vencidos! Los compañeros trabajaron mucho para lograr, juntos, sus objetivos.

Índice